JN438525

언덕에 오르면

언덕에 오르면

최정호 제 2시집

신아출판사

스위스에서

스위스 한때

로마 베드로 성당에서

| 시인의 말 |

마냥 푸르러야 할 날들 날개 펴지 못했지만 군대생활 일등병 시절 하사관이나 장교가 할 수 있는 종합강의를 가짜 계급장을 달고 훈련병들 앞에서 물 흐르듯 명 강의로 폼을 잡았고 생사를 등에 지고 전장을 누빌 땐 병정놀이 하듯 지휘관이나 된 것처럼 언제나 앞장서서 정글을 누볐지만 어느 한 순간에 전장을 떠나게 하셨다.

땀 흘리던 세상에서 오십대 중반에 하루아침에 주저앉게 하셨지만 편안한 삶으로 시인으로 세워주셨고 해맑은 날들만 계속 되리라 큰 소리 쳤지만 세상은 그렇게 만만한 게 아닌가 보다.

세상 사람들은 집체 같은 파도라고 말하지만 한 마리의 공중에 새와 들에 백합화를 생각해 봅니다.

오늘까지 발걸음을 인도하신 하나님 그분의 은총을 사모하며 한참 모자라는 작품이지만 공감하고 싶은 파란 마음이 되어봅니다.

2018. 8.
완주군 작은 집에서

차례

제1부 만경강 두루미

제2부 시월의 신부

제3부 홀로 곡예사

제4부 한 잔의 차

제5부 바보천사

제6부 신의 눈초리

제1부

만경강 두루미

시

포도 박사 컨설턴트 말
사정없이 솎아주세요

아까워도 열 알 중 일곱은 버려야
세 알 키울 때 상품도 돈도 되지요

말하지만 듣지 않아요
겨우 세 알 따지요
나도 자식 같아 네다섯밖에 못 따요

시도 마찬가지다
초짜는 하고 싶은 말 너무 많아
근사하고 멋진 말 다 끌어 모아
나열하다 보면 기행문이고

포도 알 솎어내듯 미련 없이 자르고
버려야 된다는 것을
나도 이제 눈을 뜨나보다

내 마음의 풍차

오늘도 여행을 떠난다
먼 길 가는 철새도 친구가 있으련만
아무도 모르게 나 홀로
내일의 이별을 위하여

환송하는 이 없어
시들해지면 돌아서면 그만이고
손잡고 갈 사람 없으니
약속시간 필요 없다

발걸음 잠재울 사람 없어
배낭 준비할 필요 없고
훌훌 구름 밟고 양탄자 깔아본다

손잡고 휘파람 부는 날 좋지만
훨훨 뜬구름 될까 봐
내일도 내일의 이별을 위하여
나 홀로 여행을 떠나야 하나

베이비박스

받아들이기엔 부끄럽고 안고 가기엔 가시면류관

나갈 길 싱크홀 되었고 돌아갈 길 떠내려간 외다리
안을 수도 버릴 수도 도망칠 수 없어 발만 동동거렸다

철부지 소녀가 어찌 하다가 저도 모르게 어미가 되어서
새끼 안을 힘없고 가시밭 길 헤쳐 갈 가슴마저 없다

베이비박스 어두운 밤길 작은 촛불하나
보름달 되어 길 밝힌다

택시마저 기어가는 비탈 길
시 때 가리지 않고 팔 벌려 기다리는 빈 상자 하나
뛰는 가슴 엄마품은 못 되어도 눈비 가려주는 둥지

꺼리는 눈초리 날아오는 돌 세례 피하지 않고
따뜻한 손길 요람이 되어서
불붙은 화구에서 1500여 핏덩이 건져
영혼을 축복하는 기도가 있다

가뭄 대아저수지

턱밑까지 숨이 차올라 넘쳐나지 못하게 동여맸던
동아줄 자국 겉옷 벗어던지고 노숙자되어 코골고 있다

팬티하나 걸친 채 아랫도리 드러나는 거북등 강바닥
장대비 목 빼고 손꼽아도 떠오르는 구름 백기를 든다

우레번개 뻥튀기 허풍 떨지만 반시간도 못 버텨 꼬리 내리고
손바닥 구름조각 드레스 걸치고 목화 타는 새털구름 날갯짓 한다

턱밑까지 넘실대고 배꼽까지 배부른 날 봄날이었나
용꿈 꾸던 이무기 어디로 가고 올챙이 미꾸라지 운동장 되었다

오락가락 온종일 쥐어짜 뿌리는 안개비 몇 방울
계곡물은 낙수져 푸석푸석 쌓인 낙엽 선잠 깨운다

꽃상여

짠돌이 되었던 육칠월
찔끔찔끔 먼지만 날려 체면 구기고
고공행진 하던 구름 떼

서리꽃 만발할 늦가을 해탈을 손꼽는 타작마당
막차를 타고 허리춤 내린다

한숨으로 엮은 2016 완주 곶감
날마다 물조루 흔들어 머리 감겨서
곶감 덕장 코풀어 죽 쑨다

샤워만 하느라 분 바를 날 없고
눈물자국 번져서 검버섯 만발하고
물 만난 곰팡이 잔칫상 차렸다

꼬리 무는 조문객 흐느끼는 눈물로
목욕하느라 꽃가마 타지 못하고
꽃단장 못하니 거울 볼 일 없고
밤비 맞으며 꽃상여 떠난다

푸른 태양

물려받은 몸통 하나로 불혹의 고개를 넘느라
고개 마루는 축구장 되었다

어젯밤 여린 새싹이 재잘거렸고
오늘은 가랑비 내리니
내일은 잔디밭 되려나보다

허리춤 올리면 이슬비 내렸지만
먹구름 사라져 우산 접으니
오늘은 해 뜨고 양산을 폈다

대문 걸고 코골던 아랫목
어젯밤 꿈속에 병아리 삐악거려서
내일은 새벽닭 홰치려나 보다

천둥소리 잦으면 소낙비 쏟아지듯
발걸음마다 구름 밟으니
내일은 푸른 태양이 떠오르려나 보다

편지

김 권사님 대중기도 속
들어가 보면

정치가의 외침이나 달변의 아나운서나
숙달 된 기도와는 또 다른 향기가 있다

준비 된 원고 없이 명주실 뽑아내는 누에 입처럼
물 흐르듯 수를 놓는 영혼이 찬양하는 선율이다

전문지식이 없이도 성령이 입술을 파수하시어
풀잎 위에 알알이 은구슬 엮는다

꽃잎을 간질이는 나비처럼
한 올 한 올 무지개 엮어서
하늘의 보좌를 두들기는 영혼의 편지다

주홍 벼슬

작은 촛불 모여서 봉홧불 되었고
석양에 새벽닭 벼락같은 홰치는 소리
장안을 뒤집고 지구촌까지 들썩거린다

백만 개 붉은 심장 태풍으로 몰아치고
천둥치는 민심은 턱밑까지 차오르고
서서히 안개 걷히는 드러나는 청기와집

번쩍거리는 일억의 눈 하나로 모아지는 오천만의 입술
뜰 안 구석구석 현미경 들이대는데

햇살 따가워 서리꽃 사라지고
새끼치고 똥싸던 굴 안의 박쥐 떼 이리저리 몰려
검은 털 뽑혀 희멀건 육계가 되었다

눈감은 덫에 걸린 팔색조 한 마리
천도복숭아 먹다 어금니 빠졌고 귀 막고 입 다물었다

대들보 무너져도 곳방귀 소리고 잔머리 굴려 소낙비 피하려고

피투성이 주홍 벼슬 쳐들고 빨간 혓바닥 참기름 바른다

빛과 어둠

땅거미 박쥐 되어 감싸고 올까봐
발걸음 종종거린다

서쪽하늘 바라보니
부릅뜬 태양
숨바꼭질 두 시간 전

칠 흙 같은 오솔길
발걸음 가벼워 콧노래다

검정치마 뒤집어쓴
동녘하늘 민낯 보려면
아직은 두 시간 후

사춘기

줄 있는 이슬비 물안개 피어나
속옷 벗어던지고 나들이 나간 서릿발
날마다 샤워하던 맨가지

회색커튼 늘어뜨려 먼동 코고는데
잿빛 이불 허리 걸친 채
두 손 쳐들고 기지개 켠다

가슴이 두근두근 동튼 줄 알아
잠자던 심장 콩닥거려서
빨갛게 립스틱 짙게 칠한다

꼬리쳐드는 고드름 가시바늘
시베리아 된서리 독오른 고추바람
가슴 헤치고 앙볼 힐귀면

속옷 바람 홍매 내복 벗은 청매
심장에 팥빙수 엉길라

화려한 외출

귓불 따뜻해 윗도리 걸치지 않고
영상 맴돌아 문 열어젖히고
하품하며 입 벌리며 눈 비벼도
누가 오시실까 눈길 바쁘다

동트는 새아침 물안개 걷히니
창문 들추며 눈초리 빛나고
녹슬은 서릿발 무릎 꿇으니
메마른 입술 립스틱 칠한다

꽃잠 설쳐도 분홍치마 걸치고
−17도 은장도 면도날 되어서
다물지 못하는 입술 장미꽃 번져도
변할 줄 모르는 요염한 눈 꼬리

만경강 두루미

부리 끝 이슬비 눈물 되는 이른 새벽
비 젖는 깃털조차 등짐 되어가는
만경강 두루미 한 마리

찌꺼기도 남지 않은 텅 빈 뱃속
어제저녁 간식거리 우렁이 한 마리
긴 밤 지새우는 화롯불이다

새벽부터 낚싯대 늘어뜨리고
빗물 가려주는 우산도 없이
지칠 줄 모르는 실비와 씨름하고 있다

힘들고 저려오는 다리 하나는
낙숫물 떨어지는 날개 밑 휴가 보내고
남은 외발 하나로 파수꾼 되는데

졸아드는 가게 빚 외상값처럼
풍년 되어가는 안개비

견공

우사 옆 오솔길
컹컹 벼락 치는 소리에
철렁 간 떨어진다

담 뛰어 넘으려고
목줄 끊어지게 앞발 쳐들고
목 빼고 하늘까지 치솟는다

주동아리 찢어지게 숨넘어가고
들썩들썩 우사마저 무너지는데
드러내는 송곳니 서릿발 엉긴다

지팡이 휘둘러 겁주지만
모닥불 기름 뿌렸고
주인이 옆에 있는 한 허풍떤다는 것
귀신 다 되었다

가을 풍경

쏴 후드득 먼지 속을
누렇게 머리 풀어 헤친 채
골목 안까지 꽁지 빠지게
날개야 날 살려라 쥐구멍 찾는다

용오름 하늘까지
해득해득 묘기부리는 곡예사
하늘을 주름잡다가 쏴 후드득 코 처박는다

누더기 걸친 우수수 낙오병
맨가지 턱걸이 오들거리는 놈
후미진 뒤안길 엎드려 신음하는
부상병까지 갈퀴질한다

도리깨 휘두르는 타작마당
키질하여 바닥 쓸어 날리는
싸리비 움켜쥔 망나니 서릿바람
한 뼘 남은 가을꼬리 백호친다

제2부

시월의 신부

꽃보다

새벽이슬 헤치며 땅거미 쳐들고
흐르는 땀방울 옷 빨아도
정성 담아 눈길 모아 씨 뿌렸다

눈뜨는 떡잎 방긋거릴 때
구멍 뚫는 애벌레 셋방 차리면
뻥 뚫리는 가슴 눈보라 몰아친다

나폴 나폴 정 쏟진 말고
앉을 듯 말 듯 스쳐는 갈망정
커튼 내리고 몸 풀진 마라

요람일랑 훨훨 강 건너
그곳에 틀어라
꽃보다 고운 네 새끼 내 새끼

억새꽃

무스 발라 빗질한 갈색머리
옷깃 여며 두 손 모았지만
시 때 없는 돌 바람 시달리고
찌는 햇살 가을날 더위를 먹었나

고개 흔들어 목화송이 피우고
갈비뼈 시리도록 한 올 한 올
머리털 뽑아 실안개 뿌린다

흰머리 휘저어 대머리 되도록
가는 허리 흔들어 뼈만 남도록
마른 잎 새 손 비벼 불붙도록
온몸 던져 피리 불어도

쏟아지는 꽃짐에 귀청 닫고
불 꺼진 들창 커튼내린 채
하늘 가득 수놓는 하얀 잔별들
홑이불 되어 가을을 덮는다

새가슴

신선과 선녀가 술래잡던 황산
구름모자 벗은 모습 놓칠세라

눈빛에 번갯불 달아보지만
나사 풀린 바이킹 널뛰는데
눈감고 브레이크 기도중이다

신들린 양다리 칼날 밟고
유리가슴 소낙비 쏟아져도
소나무 뿌리조차 뽑으려고
용트림하는 도깨비 바람
태평계곡 통째로 날려버린다

한 손으로 외줄 잡은 하늘 길
굽이굽이 파도 타는 케이블카
잡은 손 놓칠라
양철심장 소낙비 쏟아진다

소풍

초승달 눈웃음
서리꽃 싹틀 해질 무렵
오들오들 누더기 걸친 가랑잎

날 도깨비 회오리 광란에
힘 한번 못 쓰고 손 흔들 짬 없이
까마득히 하늘에 새떼 되었다

눈 아래 온갖 풍경
꿈처럼 펼쳐지는 색다른 세상

길 떠나와 하늘을 누비며
빙글빙글 눈동자 팔랑개비 되는데

가는 곳 어디일까 알 수는 없지만
구름 같은 세상 뜬구름 밟는다.

언덕에 오르면

언덕에 오르면
눈 안에 가득 학림사 누런 보리밭
주린 뱃속 침 넘어갔고

목탁소리 담 넘어오는 고래등 기와집
생쥐가 횃불 든 곳간에 쌀가마
거미줄 치고 참선중인데

황금 옷 갈아입고
방앗간 기웃거리는 흐드러진 보리밭
갈기 흩날리는 경주마였다

눈뜨면 날개 돋는 독안의 곡식
밑바닥 헤매는 낱알 긁는 바가지 소리
새가슴 할퀴며 새벽잠 깨웠다

시레기죽도 못 먹은 다랑이 보리밭
밭고랑 주저앉아
고개 들지 못한 채 네 발로 기었다

황산에 오르다

고동소리 없어도 안개를 헤치며
솟구치는 태평계곡 케이블카

고삐 풀린 망아지 장대같이 치솟다가
끈 떨어진 두레박처럼
널뛰기 휘말린 광대가 되는데
외줄 밟다 헛발 디디고
초침 매달려 턱걸이한다

구름이 맴돌아 하늘을 찌르는
붓끝으로 휘저은 묵화 같은 봉오리
허리춤 사이를 뱀처럼 휘저어 2,8 km

상층 암벽에 덜커덩 닻을 내리니
바람이 손잡고 구름도 쉬어가는
신선들의 앞마당 황산계곡

시월의 신부

새벽이슬 내릴 땐 눈뜨지 못하고
한낮 불볕더위 피할 길 없어
황혼에 피어나는 꽃 한 송이

꽃이야 아침이슬 너울 써야 신부가 되지요
아침엔 배고파 일어설 수 없고
온종일 등짐에 허리 펴지 못했다

창가에 앉아 졸음 쫓기엔
석양빛 노을이 너무 밝아서
한눈에 빠져버릴 눈부신 꽃잎도
호랑나비 끌어들일 향기마저 없지만

시든 장미 물 뿌리는 찻잔 속 잔물결
설렘에 지는 햇살 꼬리를 밟고
종종대는 발걸음 구름 위 걷는다

겨울 전사

술독에 들어가 헤엄쳤나보다
비틀비틀 곤드레 헛발 디디고
소한이 쳐들어왔는데 겉옷 벗고 속옷 벗는다

훈풍 불어와 물먹은 서리꽃
생글생글 눈웃음 꽃향기 취하여
흐느적흐느적 비틀거린다

고드름 열지 못하고 눈물 되어서
눈꽃 세례 수놓아 축배 들지 못하고
눈보라 흩날리는 설원 하얀 나비의 꿈

쌩쌩 고추바람 백기를 들고 돌아갈 길 못 찾아
알몸으로 하늘을 맴도는 겨울 전사

새끼

작은 날개 하나로 지구의 반 바퀴를 날아온 오리
털 녹은 얼음 땅
서둘러 만든 둥지 가슴으로 덥힌다

무너지는 겨울의 몸부림 시 때 없는 떼거지 눈비
아장아장 새봄을 짓밟는데

자식하나 살려보려고
온몸 던져 가슴으로 감싸는데
쏟아지는 눈 폭탄 등 묻은 산으로 산다

골고다 언덕 생매장 되어도
오로지 품속에 새끼하나

기원

코 골며 꿈꾸는 꼭두새벽
어둠 속 시공을 넘어
전국을 누비는 탐방길 오른다

옷깃을 스치며 어우러진
햇살이나 진눈깨비 구름 같은 이웃들

반세기를 비껴간
푸르른 날의 풋사과 얼굴들
아스라이 잔별 되어 숨바꼭질 하는데
손짓하여 스케치하고 복을 빈다

그분 앞에 무릎 꿇을 땐
모두가 울안의 형제
울 밖의 무리들도 손 내민다

대야 보

엊그제 이삼일 커튼 내리고
산고의 몸부림 빗방울 소리
설레는 가슴 촉촉이 적셨고
통통 배꼽이 보름달 떴건만

밑 빠진 허기진 밥통
다물지 못하는 하마 입
늘어뜨린 혓바닥 담근질한다

봄가을 셀 수 없이 몸 한 번 못 씻은 채
장승 된 허수아비 파리 떼 꼬이는 송장이다

샅바 싸움하면서 비단 자락 흔드는 물보라
벼락 치는 폭포수
머릿속 떠올리는 그림이지만

두둥실 돛단배 모터를 달고
뭉게구름 답답하다 알몸 된 태양
대머리 뜨겁다고 성깔 부린다

나비야

아롱아롱 나비야 풍선 된 아랫배 터질 것 같아도
훨훨 강 건너 먼 땅에 터 잡아라

새벽부터 땀방울 옷 빠느라
아침저녁 거르며 허리 펼 줄 몰랐다

방끗방끗 재롱떠는 떡잎 푸른 잎 밭고랑 일렁이면
빙그레 입귀에 걸리고 굽은 허리 어깨를 폈다

새끼 치는 속잎마다 김밥 말아 동아리 틀면
벗겨진 이마 도랑 패이고
모락모락 김 올라 뚜껑 열린다

앉을 듯 말 듯 눈치 살피다 양수 터지고 커튼내리면
흘린 땀방울 미역국 말아 먹는다

내장산 무수리

바람이 불면 겉치마 날려 보내고
속치마 하얗게 소복차림하고서
온몸 내던진 한풀이 한마당
내장산 무수리 훨훨 춤춘다

손가락 마디마디 색동물 드리고
만국기 흔들며 불타는 단풍잎
축제장 휘어잡는 월계관이다

뒷마당 곳간지기 도토리 상수리
스치는 눈동자 등 돌리는 발걸음에
후미진 응달 속 노숙자 되어서
누더기 걸친 채 새우잠 청하고

까치조차 눈길 돌리는 고욤 된 홍시
돌감나무 가지에 까마귀 한 마리
이마저 쫓으려고 바람이 인다

가뭄

갈증 나는 개여울 입 다물고
벼 이파리 새끼줄 비비 꼬는데
속옷 벗어 던지는 바람난 장맛비
모시저고리 하나로 하늘 창 가린다

만삭 된 구름 떼 원정출산 떠났나
천둥번개 뻥 튀기 빈 조루 흔들고
꿈틀꿈틀 새털구름 기러기난다

마른 구름 쥐어짜는 실 빗줄기
꽃피는 콩잎에 기름 뿌려서
복더위 추수하고 한시름 실어간다

더위에 못 견뎌 알몸 된 태양
온종일 열 받아 홍시처럼 붉고
내복 하나 걸치지 못한 쪽박 된 저수지
빈 바가지 들고 도적 떼 꼬인다

제3부

홀로 곡예사

산사

돌돌 노래하는 청정계곡 물 따르다보면
태고가 손짓하는 둘레길 만나

때때옷 불꽃놀이 손짓 한마당
꽃구름 속 거니는 신선이고

탁목조 두들기는 내장산 울림
길 안내 받아 나비처럼 청산 간다

소쩍새 울음 손목을 잡고
안개 속 지나면 반기는 산사 하나

수탉

모래알 쪼며 암탉을 꼬드긴다
맛좋은 불고기 여기 있다

붉은 벼슬 흔들고
참기름 발라 낚싯밥 던진다

작심한 암탉 딴전만 피우고
소 쳐다보듯 몸살 나게 하지만

우는 아이 부른 젖 주듯
은근슬쩍 등 내민다

별을 딴 수탉 보이는 게 없나
바이브레이션 긴 나팔소리
골목 안 떠나가지만
빙글빙글 눈동자 담 넘어간다

해오라기

실안개 걷히는 이른 아침
고산천 떠돌이 해오라기 한 마리
양 귀에 안테나방울 달아놓는다

무너지는 눈꺼풀
가물가물 힘겹게 실눈 뜨지만
쏘아볼 땐 눈빛에 번갯불 튀긴다

어제 저녁 간식 된 미꾸리 한 마리
긴 밤 지새우는 밤참 되어서
잿더미 속 불씨로 종자돈 되는데

못내 아쉬운 꼬리 흔든 피라미 한 마리
지켜야하나 떠나야하나
새대가리 과부하 걸리면
오늘 아침도 손가락 빨아야하나

홀로 곡예사

앞대산 터널 발아래 가물거리고
피리 부는 고압선 외줄 매달려
맑은 하늘 별 따려고 새가 되는데
햇살 비친 고산천 잔별처럼 눈부시다

흐르는 실구름 허리 걸치고
떠돌이 까마귀 이웃 삼아서
머리 위 맴도는 황조롱이 한 마리
홀로 지킴이 되어 주는데

선녀가 내려준 두레박인가
갈잎이 고개만 끄떡여도
구름 속 넘나드는 그네
솔잎 흐느끼는 바람이 인다

고압선에 옷깃만 스칠지라도
새까맣게 통닭구이 숯 껌정 되련만
하늘 아래 재주꾼 밧줄 하나
거미줄 턱걸이 나방 한 마리

사막의 백조

언덕과 계곡과 산 봉오리
누런 바다를 두 팔로 감싸며
숨소리조차 죽이며 날아가는 에어버스
나는 창가에 앉은 한 마리 백조

날개 없이 하늘에 양탄자 깔고
사막을 시찰하는 귀족이 되고
나는 구석구석 돋보기 걸친다

뱀 꼬리 흔드는 오아시스 물줄기
잡초처럼 달라붙은 촌락들

모래알이 바다가 되고
부릅뜬 태양이 두 눈을 감으면
가랑비처럼 이슬이 엉그는 사막
나는 지금 떠돌이 낙타

봉실산

우뚝 솟은 푸른 정기 폭포수 끌고와
김제 들녘 군산 앞바다까지
갈증 식혀주는 단비로 내린다

태양이 이글거릴 땐 푸르름으로 땀 식혀주고
눈보라 몰아칠 땐 바람막 병풍으로 막아주고
진달래 피어나고 단풍 물들 땐
나들이 손 길 잡아주는 우리 누나

방황하는 백리 밖 발걸음도
발꿈치 쳐들고 눈웃음 지으며
손 흔들고 등댓불 길잡이 되어준다

갈 길 잃고 서성일 땐
한 걸음에 수평선 끝자락까지
언제나 달려와 손잡아 주는
다정한 누나의 얼굴 봉실산

첫눈

낙엽을 불태우고 가을이 저물도록
겨울을 담근질하던 잿빛 하늘
펄펄 쏟아지는 첫눈이다

가림막 없는 눈발 날리던 용산역
한나절 봄길 거닐던 길동무가
보이지 않을 때까지 손 흔들어 주던 선녀

첫눈이 내리면 꼭 한번 찾아오겠다고
눈웃음으로 공증하듯 말했지만
창문 열고 귀 기울여도 하루 종일 070 홀로 바빴다

갈증 나는 귓속에 소식이 오려나
흔들고 두들겨도 잠들어 버린 벨소리
늦가을 비대신 눈이 내린다 꽃구름 피어나는 첫눈이다

호박 대신 수박 되고 대박 되어서
컬러링이 울리고 징글벨이 춤추는
솜사탕 소프라노 그 목소리다

오후

초침 분침은 재깍거려도
태양은 언제나 머리 위에 졸고 있고
끼니때 손꼽는 껄떡대는 주린 창자
못다 채운 풀대기죽 반 그릇에 목숨 거는데
하루가 십년처럼 긴 사월의 하루

쌀독 긁는 바가지소리는 종양처럼 아프고
황금 저고리 손사래치는 푸르른 보리이삭
초점 없는 젊음은 꿈꾸는 무지개로
오월의 창틀 속에 갇혀 버렸다

서쪽 하늘 땅거미는
삶의 귀퉁이에 머물고 있는
반쪽 햇빛마저 한 입에 삼켜버리고
누구인가 등 뒤에 쫓아오는 소리
안절부절 허둥대던 먼 옛날의 오후

은행잎

관광버스가 지날 때 마다
버스 위로 눈 폭탄처럼 뛰어내리며
환생하는 노랑나비 떼

버스를 놓칠세라 와르르 달라붙지만
아랑 곳 없이 달아나버린다

공짜로 버스타고 여행하려다
허탕치고 땅바닥에 굴러 떨어지지만
길바닥에 황금 카펫 깔아놓는다

찾아오는 발걸음 귀족처럼 맞이하고
터벅거리는 발걸음마다 양탄자가 된다

베니스

칼 휘두르는 흉노의 말발굽 피하다
바다로 쫓겨 물고기처럼 살다가
말뚝을 박고 또 박아 물결 위에 까치집 지었다

해상무역 주름잡아 거부가 되면서
몇 가구만 모이면 은총을 사모하며
아름답고 웅장하게 정성모아 성당을 세웠다

공터를 만들어 체력을 키우며
빗물 모아 공동우물 만들고
이웃과 동무하려고 다리를 놓았다

세수하기 싫고 숨고 싶으면
가면 하나로 해결되는 도피자의 천국
땅이 없으니 바퀴가 필요 없고
보트가 택시가 되는 골목길
바다위의 떠있는 도시 베니스

사령관

일등병 시절 한두 달 선배가
상병 계급장 먼저 달고 나타날 때
얼굴은 없고 계급장만 보였다

늙어가며 받는 늘어나는 훈장
거추장스럽고 쑥스러운 계급장
짐 된다고 손사래 하건만
잠든 사이 얼굴에
나도 모르게 붙여놓고 달아난다

힘센 젊은이는 겁을 먹고
어린아이는 심장박동소리에 놀라 발길 돌리고
나이든 사람만 고르고 고른다

잠도 없는 심술쟁이 세월 사령관
눈뜬 개조차 모르게 밤만 되면 담 넘어 온다

은행나무

예전엔 아들딸 떠나보내며
온 들녘 전세 내어
치자 터트려 노랑나비 날렸고
가을 벌 떠나가게 잔치를 벌였건만

요즈음은 환갑은 젊은이고
고희는 설늙은이 경로당 심부름꾼이다

실바람에도 눈물뿌릴 맨가지는
백세가 대세인 시절을 쫓아
품안에 보석들 털어버리고

몸매를 가꾸느라 시간도 잊은 채
서릿바람 손 비비는 시월에
흔드는 허리가 푸르르다

시인과 낙엽

빨갛게 타오르던 입새가
돌돌 새우등 되어 구른다

배를 움켜쥐고
구르는 숫자만큼 망가지는데
손뼉치고 환호하는 발걸음이 있다

터지는 핏줄 얼룩무늬 물들이고
토해낸 핏덩이 불타는 조각품이다

어떤 발걸음엔
걷어차여 옆구리 터지고
짓밟혀 빈대떡 되지만

시인의 발걸음엔
허리 부러지면서 축구공 되어도
배경음악 깔아준다

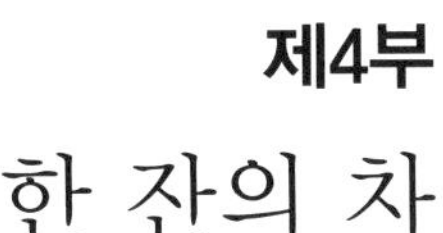

제4부
한 잔의 차

알프스 여인

봉우리마다 눈이 시리도록
하얀 드레스 걸친 알프스 여인
모락모락 김 오르는 떡시루 머리에 이고
여름날 오들오들 떨고 있다

쌓이는 떡가루 힘에 겨운 땀방울
까마득히 떨어지는 낙숫물 되어
썰매를 탄다.

모여진 땀방울 뼈 속까지 시린 호수
밑바닥 뱃속까지 파랗게 초록물감 뿌려서
호수에 비친 빼어난 자기 모습에 취한 체
연인들을 부르고 있다

알프스

발길 닿는 곳마다 눈에 가득
그림 같은 수채화 걸어놓았다
구름을 헤치며 쏟아지는 폭포수
쏟아질 듯 무너질 듯 구름처럼 이어지는 절벽들

안개 띠 너울 목에 걸친 채
김 서리는 설기떡 뒤집어쓰고
부들부들 흘리는 땀방울은 폭포수다

한 폭 한 폭 이어지는 자막 같은 산수화
눈으로 보다 눈이 지치면
숨은 비경 노칠세라 스마트폰 들이댄다

가슴 시리도록 파란 유리알 호수
올망졸망 들오리 떼 보트를 젓고
호수의 주인 백조는
손님을 호객하는 유람선이다

지게꾼

양지바른 양재동 동구 밖
양편 갓길에 도열한 근위병
그만그만한 잎 떨어진 소나무

서릿발 눈보라 칼바람 시달려도
언제나 푸른 꿈 감추고 살아
목청 돋아 시 한 수 읊으련만

등 올라타고 목 휘감아 재갈 물리고
눈 가리고 귀 틀어막는 삶의 칡넝쿨
제 멋대로 만세 부르며 깃발 흔든다

목 졸려 선채로 삭정이 될 수 없어
용기 내어 쳐다만 보는 강남의 빌딩
손 내미는 사람 없어 칡넝쿨 짊어진 채
장승처럼 기다리는 양재동 지게꾼

한 잔의 차

계곡물 흐르듯 도란도란
봉선화 터지듯 눈웃음 번지고
입술 달싹거려 옥구슬 엮으며
피어나는 꽃구름 시계바늘 돌린다

모락모락 김 서려
삼삼이 옛 고향 친구인 양
꽃잎 동동 찻잔을 든다

모락모락 국화향 가득한 다실
몸속 흐르는 꽃차 위력인가
한 마리 호랑나비
눈앞에 등 터지며 우화등선한다

짝사랑

십대에 봉숭아꽃 톡톡 가슴앓이 하였고
이십대엔 장미꽃 눈부셔 홍역을 치렀다

삼십대엔 목구멍 속 주먹하나 걸렸고
불혹을 밟으니
살며시 스쳐간 창문 밖 달빛이었다

오십을 넘어도 서리 맞은 국화향기
코끝에 은은히 맴돌고

칠십을 넘는 안개뿌리는 억새꽃
하얗게 가을을 덮는다

섬진강

굽이굽이 길 따라 물 따라
하루도 못 보면 살 수 없는

헤일 수 없이 안고 밟고 갔으련만
어지러이 주인 잃은 발자국

바람 따라 물결 따라 춤추던 꽃잎
얼마나 길을 잃고 헤매었을까

은근슬쩍 옆구리 들치는 개여울
한달음에 끼어든 샛강마저

산내들 묻지 않고 한 배태우고
발병난 발걸음 끌어안은 섬진강

마중길

나무하러 넘던 고개 임 마중 오던 길
새색시 오시려나 고개 들어 앞을 보고
후들대는 다리 작대기 짚으며
손길은 땀 훔쳐도 눈길은 새색시 보이려나

넘어갈 땐 빈 지게 작대기장단 유행가 절로 나왔고
보자기 속 주먹밥 주린 배 못다 채워도
나뭇짐 버거워 터벅거려도
새색시 떠올라 입 벌어졌었다

졸부의 텃세 초입 길 뭉개고
급조된 가족묘 졸고 있는데

휘감는 억새꽃 가시덤불 속
넘나들던 꼬부랑길 여기가 거긴가
닳고 패였던 고갯길 찾을 수 없는데
까마귀 한 마리 고개를 넘는다

된장국

설렁탕 곰탕 옆에는
소금 종발 단짝이지만

단짝 없이 숟가락질 하다 보면
은은히 구수한 맛 돋아나고

김치찌개 된장국 온갖 반찬 속
미원 다시다 정겹게 파고들어
생이별은 꿈도 못 꾸지만

파 마늘 고추 천연 양념만으로
된장국을 끓여보자

혀끝 밋밋하다 문전박대 할지라도
먹다보면 빙그레 입 벌어지고
살아나는 어머니 손맛

역전의 용사들

참전 50 주년 잠실 실내 체육관
산간벽지 농어촌 울릉도까지
한 걸음에 달려온 역전의 용사들

빗발치는 총알 붉은 심장 노렸고
빛과 그림자 갈림길에 몸을 던졌던
그 용맹 그 젊음 그리워

얼룩무늬 군복 무거운 군화
황금실로 수놓은 군모를 쓰고
찬란한 휘장 빛나는 훈장
치장하고 멋 부리고
목청 높여 군가도 불러보지만

초롱초롱 눈빛은 돋보기 안에 잠들고
목 세운 독사의 서늘함은
풀잎사이 흩날리는 뱀 허물

태산

어둠 뚫고 쏟아진 잔별들
장안을 휩쓸고 넘쳐나는 은하수 강물이다

광화문 넘고 대문 앞까지
초저녁에 울려퍼지는 기상 나팔소리
기왓장 들썩 거린다

백만 개 붉은 심장 장안을 휩쓰는 장미꽃밭
파도치는 용트림 하늘 문 열리고
안개 걷히는 인왕산 햇무리 떴건만

서리꽃 녹을 줄 모르는 청기와 집
담 너머 뜰 안은 한 밤중인데
거미줄 치는 푸른 빅쥐 떼 마루 밑에 알 까고 있다

활화산 민심은 천심 되어서 천둥치는 외침은 지구촌까지
태산을 넘는 서울을 향하여 한 자루 작은 촛불을 든다

야생마

어쩌다
훤칠한 야생마 한 마리

하루가 멀다 하고
좋아할 별미는 산에서 들에서
싱싱한 것으로 고르느라

땀방울 옷 젖은 줄 모르고
끼니 때 놓치며 온 정성 쏟다가
해지는 줄 몰랐다

머리 숙여 꼬리 내리나 했지만
하늘 높이 양발 쳐들고
하얗게 이빨 들어냈다

보쌈

송홧가루 그 날만 기다린다.
나뭇가지 흔들어 막춤 출 때
징소리 울리고 피리 불고
치마폭으로 봉오리까지 감싸자

생각이 무르익고
눈짓으로 하나 되자
손잡고 세상을 바꾸어 보자
푸르른 바람 용트림 하는 날

솔잎마다 머리 풀어 제치고
가랑잎 목청 높여 소리 지르자
하늘을 주름잡는 누런 보자기
온 산을 뒤덮는다 보쌈하려고

욕망

불타던 노을이 꿈속에 빠지고
어둠이 홰치고 가로등 졸아도
수십만 발걸음 지칠 줄 모르는
경부고속도로 양재동

환송하고 환영하는
십여 보마다 도열한 호위병
미스코리아 고른 듯 키 큰 소나무
무스 바르고 멋 내려 했지만

야금야금 거머리 된 칡넝쿨
등 타고 머리에 동아리 틀고
목줄 걸어 만국기 흔들고
뜬구름마저 잡으려고
하늘을 향하여 두 손 높이 뻗는다

제5부

바보 천사

자전거

기어를 1단 놓고
허리 굽혀 페달을 밟고 있다
가파른 고개도 아닌 쭉 뻗은 길

무릎에 힘 가도록 페달을 밟아도
구르지 않는 바퀴 뒷걸음치고
너울만 미친 듯 춤춘다

햇살 피하여 땅바닥에 배 깔고
쫓겨 가는 구름 떼
왼 뺨 오른 뺨 후려치며
가슴마저 밀어붙이건만

아직은 녹슬지 않았나 보다
넘어지거나 외상도 없이
무사히 항구에 닻을 내린다

온난화

한 줌 두 줌 하얀 꽃가루
허공 향하여 휙휙 뿌리건만
날개 펴지 못하고 눈물만 뿌린다

한 삽 두 삽 뭉치로 퍼 부어도
땅위에 동아리 틀기 전 목욕부터 한다

한 포대 두 포대 쏟아 부어도
바람에 떠밀려 억지 춤추고
엉덩이 뜨거워 앉지 못한다

높은 산 나뭇가지 위에
자리를 펴지만
그곳마저 온돌방 불 때고 있다

바보천사

하나에 하나를 더하면 셋, 셋에서 둘을 빼면 둘
그렇게 말하는 자기가 셈을 잘 한다고 싱글벙글

난 부자다 돈이 이렇게 힘이 되는 줄 몰랐다
지갑이 들어있는 가슴을 다독이며 하는 말이다

요즘 재가보호사로 매월 백만 원쯤 통장에 들어온다
육십 대의 마누라 새 통장에 쌓이는 돈 욕심 낼 사람 없는데도

현금에 길들여온 습관 때문인지 매월 십만 원씩 현금을 달라고 한다
그렇게 한 지 육 개월 설날 큰딸이 준 용돈을 합하여
남은 돈이 백만 원쯤 되나 보다

짬 날 때마다 가슴을 다독거리며 이렇게 돈이 두둑하니
힘이 나고 부러울 게 없다
십일만 지나면 백만 원이 넘는다며 벌어지는 입 귀에 걸린다

차곡차곡 통장에 쌓인 목돈 한입에 호박씨 되어도
우리 큰딸 백일 때 방글방글 그 모습 그대로다

만경강 이야기

물 속 깊이 드러나는 자갈들 반짝반짝 잔별이었고
조약돌 밟느라 미끄러지면서
깔깔거리던 시냇물 어디로 갔나

발병난 물줄기 바닷길 험하여 쉬어나 가려다
웅덩이 빠져 졸아든 가슴으론 감쌀 수 없어
은빛 모래 구름처럼 기러기 날았다

밀밭 헤치며 하늘 높던 종달새
물장구치던 불거지 각시붕어
보석 알 자갈밭 어디로 갔나

갈대숲 헤치는 탁한 물 들어내는 쪽 가슴이지만
들오리 떼 반기고 떠돌이 물새들 간이역 되어서
시장기 덜어주는 포장마차다

시궁창 배 깔아 갈대 숲 헤집고
돋보기 걸치느라 백수 되지만
창문 내리는 골목마다 등불 밝힌다

완행열차

창가에 기대앉아 쌩긋 차창을 뚫고 인사하는
삼월 초순 아침 햇살과 도란도란
수첩에 낙서를 한다

불혹의 여인 홀로 창밖에 눈 떼지 못하고
좌석을 가득 메운 승객들
졸거나 선잠에 빠진다

가끔씩 톤 높은 안내방송 고요를 흔들고
출입문 가까이 안방인양
차 안을 들썩이는 아낙네 전화 목소리
귀청이 짜증 부린다

그 흔한 산뜻한 컬러링 소리는 깊은 잠 빠졌고
바퀴와 레일의 입맞춤 소리가
귓가를 간질거리는 자장가 되어서
햇살과 눈 맞추며 속삭이던
승객마저 스르르 창틀 내려진다

고수

유리개구리
팔딱팔딱 빨간 심장이 환하게 들여다보여서
붙여진 이름이다

알을 낳자마자 족쇄 풀린 어미
성가신 새끼나 시들해진 남편 보다야
자유가 좋다고 발길 돌렸고

눈물 많은 수컷은
벌거숭이 새끼 끓어 안아
저 홀로 어미가 된다

새끼를 삼키려는 왕벌 이빨 들어내면
빼앗기지 않고 지켜내려고
난생처음 태권도 선수가 된다

뒷발치기 한방에 한 마리씩
날려 버리는 태권도 고수가 된다

발걸음

소양 벚꽃놀이 축제장
반대편 차도는 쌩쌩 나르는데
끝도 없이 몰려오는 차량들
도로 위에 바퀴내리고 졸고 있다

꼬리 물고 몰려오는 승용차
하품하느라 해지는 줄 모르고
코고는 차 속은 감방

차 없는 발걸음
꽃잎 세례 속으로 레드카펫 밟으며
면사포 없이도 신부가 되는 날

손잡은 발걸음 콧노래 절로 나오고
싱글벙글 온종일 벚꽃놀이 한마당

어린 신부

엊그제까지 눈동자 해맑던 소녀는
살랑살랑 리본 흔들고 아침햇살과 입 맞추느라
생글생글 눈웃음 그칠 줄 몰랐다

나비 나는 신부를 보면서
잔칫날 초치지 않은 꽃샘추위는
볼에 뽀뽀하는 다정한 친구였다

꽃단장 웨딩드레스 걸치는데
때 맞춰 날아온 소낙비
싸리비질 멈출 줄 모르는 악동이었다

하늘하늘 꽃나비 날던 꽃밭은 초상집
하룻밤 사이에 어린 신부는 반백의 여인
거친 찬비와 땀방울 흘리며 씨름하고 있다

회춘

오랑캐처럼 몰려온 한파에
두꺼운 속옷과
오리털 파카와 털모자 뒤집어쓰고
둔탁한 부츠를 신고 밖으로 나왔다

두꺼운 방한복
잠자리 날개옷처럼 가벼워
새처럼 날아보려고 양팔을 휘저었다
마음만 훨훨 날았지만

두꺼운 방한 복 차림도
모시옷 걸친 듯 가벼우니
75세의 나이에 청년이 되었나 보다
영하 17도 몰려온 날

스토커

새벽마다 외출한 전동칫솔
점심식사 끝나도록 돌아오지 않았고

돌아올 때까지 편히 쉬라고
문 닫아주건만 돌아와 보면 두 눈 빨개지도록
눈 부릅뜨고 경비서고 있는 화장실

터널이 두렵다고 변기통 턱걸이 하고 있는 생맥주
비좁은 주머니가 감방 이라고
탈출할 기회만 노리는 페스포트

하루 종일 손안에 노는 것
숨 막혀 못살겠다고 이혼하자며
눈치만 살피는 스마트 폰

깜빡깜빡 깜빡이 양 팔 벌려 엉겨 붙지만
그 날까지는 눈 부릅뜨고 몽둥이 놓지 않으리

섬진강 매화길

뻥튀기로 대포 쏘아 튀밥 뿌렸나
하늘에서 싸락눈 쏟아 부었나
산자락마다 매화꽃 양산 펼쳤다

왼쪽엔 굽이치는 초록물결
감싸는 두 날개 은빛 모래 벌
햇빛 뒤집어쓴 꼬리치는 잔물결
눈부시게 피어나는 잔별들

판초우이 뒤집어쓴 초병 된 버드나무
요소요소 길목 지키는 파수꾼이다

꽃잎에 반해 눈길 돌려 입 벌어지고
가슴까지 스며드는 상큼한 공기
모래 벌 강물에 취한 눈빛 초롱불 번진다

만경강 폭격기

물안개 사라진
아기햇살 재잘거리는 오후

사이렌 경보도 없이 폭격기 떴다
날개 벌여 강폭을 감싸며
천둥치는 굉음으로 만경강을 뒤흔든다

새매만 떠도 비상 걸릴 야생의 터전
황조롱이 그림자만 비쳐도 기절할 형편에
탱크와 대포알 앞세워 새벽을 짓이긴 6.25

마그내다리 밑 졸고 있는 만경강
쑥대밭 만들어 분풀이하듯 확인 사살하는
엔진 장착 패러글라이딩

엉겁결에 날았기에 하얗게 변한 기억들
어느 개울가 뛰는 가슴 달래느라
두 눈만 깜빡거리다
조용하던 앞마당 기억이나 할지

안경

문을 닫고 문틈으로 내다보면
꼬리 끝만 보입니다
땅딸이 절구통 희멀건 빼빼로
문을 열면 다 보입니다
먼 곳 후미진 모퉁이까지도
아담하고 튼튼하며 날씬합니다

붉은 안경 끼면 모두가 빨간 세상
하늘마저 핏덩이 노을입니다

벗으면 제대로 보입니다
파랑도 빨강도 아니라고
가슴으로 말하고 있습니다

제6부

신의 눈초리

만경강 오리 떼

독수리 발톱 아래 참새 떼 가소롭다
나팔 부는 방귀소리 마그내다리 들썩거리고
양 날개 펼쳐 강바닥까지 싸리 비질한다

북치고 장고치고 꽹가리 두들겨
메마른 풀숲에 불 지르고
일차 이차 땅거미 잠들 때까지
야생의 평온을 확인 사살하는
엔진 장착 패러글라이딩

아기햇살 노닥거리는 오후
하늘에서 괴물이 덮쳐와
무작정 꽁지 빠지게 날았고

어느 수풀 개울가 뛰는 가슴 달래느라
눈만 껌뻑거리다
되돌아 올 수나 있을지

파란 불

내가 탄 택시는 빨간 불이 없는
파란 신호등만 켜진다

짐 실은 화물차도 쩔쩔매는 초보도 없이
쭉쭉 잘 빠지는 대로만 계속 된다

이렇게 달리다 보면
인천 앞 바다조차 뻥 뚫리겠지

필요하시고 함께하시면
서해대교 지나듯
다리가 보이지 않으면
홍해가 갈라지듯

발걸음 함께하시면
두 발로 바다 위로 걸어오시듯
바다 위도 걷게 하시리

신의 눈초리

인터넷은 순간에 만만을 접속하듯
우리 주님 눈동자는 순간순간
온 지구를 감찰하시고 인도하신다

바다 밑에 자리 펴고 숨을지라도
햇빛타고 은하수 넘어 숨을지라도
그곳마저 주님의 텃밭이다

내 차를 추돌하고 달아났을 때에도
내 손안에 인적 사항 자세히 적어주셨듯

눈을 감고 손으로 얼굴 가리고
굴속에 숨을지라도
불꽃같은 눈길은 피할 수 없다

풋가을

구월이면
연어처럼 몰려오던 가을이
올해는 애송이들뿐인가 보다

해 뜨기 전
해 진 후에
날뛰어 보았자 모기소리다

아침햇살 눈뜨는 소리에도
화들짝 시냇물과 풀숲으로
꼬리를 감춘다

해님이 문 닫고
어둠이 팔 벌려 손짓하건만
동그랗게 누 눈만 깜빡거리고 있다

모범수

사다리 없는 하늘 위 다락방
날지 못하는
다 자란 부채 머리 독수리

힘없는 날개로 독수리 못 되고
낙하산 없어 다이빙 못한다
어미가 오지 않아
일주일 째 금식하고 있는데

불고기 늘보가 옆가지에
늘어지게 낮잠 자며 냄새 풍겨도
달라붙은 창자는 침만 삼킨다

전망 좋은 하늘 위 감방
경비 없는 감옥
모범수 된 독수리다

노란 리본

어제나 오늘이나 푸르고 조용한 항구
태풍이 몰려오면 산을 삼킬 듯 화를 내었고
꼬리 내리면 어머니 얼굴처럼 다정했다

배만 채우려고 욕심 부리다 화를 키웠고
불의를 모르는 바다는 악마로 변했지만
원래 이름도 모르던 작은 포구였다

나라를 뒤집어 놓고야 제자리 찾은 듯했지만
여전히 무서운 항구로 머릿속 맴도는데
노란 리본은 광복의 태극기만큼 펄럭여도
가신 임은 돌아올 수 없었다

아직도 부두와 가슴에서 날개 짓 멈출 줄 모르는데
비릿한 바닷바람과 씨름하다 혼절하면 어찌하려나
가슴과 부두의 나비는 상주 머리와 꽃밭에 옮겨
가거라

손 흔들며 입 벌어지는 만선의 어부들
반가워서 손 흔들며 몰려오는 유람객들
오가는 뱃머리마다 햇살 가득하여라

두 얼굴

세상에서 제일 겸손한 것은
꼿꼿이 고개 쳐들 줄 모르고
낮은 자리 찾아서 무릎을 꿇는
언제나 머리 숙이는 물이라고 한다

풀잎에 초가집 짓고 눈만 반짝이던 이슬도
모이고 합치면 힘자랑하기 바쁘고
아래로 내려갈 땐 앞 다투다 머리통 깨진다

합치고 뭉쳐 넘쳐날 땐 불길조차 깔보는 천하무적
집채 같은 불길도 다짜고짜 뛰어들고
짓밟아 씨알조차 남기지 않는다

불탄 집은 그루터기라도 남지만
물이 덮친 곳은 흔적조차 남지 않는다

여름 나그네

주름잡던 꽃구름 사월의 여왕
그 영광 못 잊어 열병 앓으며
한 점 한 점 심장 찢어 낙엽 뿌리고
알몸 된 벚나무

무서리 된서리 너울 쓰고
빨갛게 치장 한 번 못하고
한 잎 두 잎 누런 옷자락 벗어던지고
입 다물고 단식을 하면서
무더위 뒤집어쓰고 오들거린다

치렁치렁 명주치마 거들떠보지 않고
파랗게 물결치는 푸르른 팔월
꾀 벗고 민낯으로 겨울을 간다

큰 손

물결 따라 바람 따라
흘러가는 나뭇잎인가 했었고
그러다 뒤돌아보았지

내가 여기 서있는 것은
그냥 밀려오지 않았다는 것을 알게 되었다

오고 싶어서도 꿈꾸어 본적 없지만
망설임 없이 걸었고
천 리 길마저도 한 걸음에 달려왔다

그냥 나뭇잎이 아니고
힘센 보이지도 않는 손
나를 붙들고 있음을 알았다

바람에 날리는 마른 나뭇잎이 아니고
숨결이 파란 발걸음이었다

할미꽃

할미꽃 아시나요 눈물로 얽힌 사연
양지 뜸 마른 풀숲 새싹이 돋아날 때
하얗게 줄기머리 감싸며 고개 숙인 붉은 꽃

반백이 파뿌리로 세 다리 허리 굽어
막내딸 시집살이 눈앞에 아롱거려
보고파 잊지 못하여 눈물 뿌려 온종일

언덕에 올라서면 막내딸 보일까 봐
날마다 끼니 걸러 못 잊어 딸 부르다
쓰러져 찾는 이 없고 까마귀만 날고

혼절한 그 자리에 눈물로 한이 서려
이듬해 봄날 되어 피어난 꽃 한 송이
하얀 털 구부린 꽃송이 할미 닮아 할미꽃

홍시

가마 솥 더위 속
겹겹 치마폭 속에서
생글생글 속삭였지만

부푸는 앞가슴 답답하여
윗도리 벗어던지니
날아갈 것 같아서

훌훌 속옷까지 벗어버리고
드러낸 알몸이 부끄러워
빨갛게 낯 붉히다 홍시가 되었다

낮달

밤하늘 휘어잡으려고
거울도 보지 못하고
민낯으로 뛰쳐나온 낮달

팔팔 끓는 태양빛 정열에
바짝 졸아 반쪽 얼굴 되었다

동쪽 산마루 언덕 위에
보일 듯 보일 듯
망사로 얼굴 가린 하얀 그림자
시침만 들여다보고 있다

사월의 신부

어제까지 눈웃음 여리던 소녀가
꽃무늬 나비 양산을 흔들며
연분홍 드레스 눈부시게 생글거리며
눈부신 햇살과 눈싸움하느라 하루해가 빨랐다

투정부릴 줄 모르는 꽃샘추위는
꽃단장 면사포 잠자리처럼 걸치고
잔칫날 오히려 다정한 친구였지만

막차 타고 날아온 메마른 단비는
이삼일 머리털 빗질하는 악동이었다

나폴 나폴 꽃비는 주룩주룩 울음보
하룻밤 사이에 막내딸 시집보낸 친정어머니
환갑의 여인처럼
살만 남은 우산 하나 붙들고 실비와 씨름하고 있다

동산 할미고개

새벽공기 헤치며 넘어가도 돌아올 땐 땅거미
이제나 끝나려나 터벅터벅 고갯길
후들거려 양 다리 작대기 짚으며
긴 숨 내쉴 땐 마중 오시려나 새색시

나무하러 넘어갈 땐 빈 지게
흥얼흥얼 콧노래 절로 나와도
넘어올 땐 거친 숨결 발자국마다 땀방울 장단 맞추고

흘린 땀 한숨소리 밑거름 되었나
명감나무 산초나무 찔레나무 뒤엉켜
얼굴 밀치고 발목 잡는데 마른 억새 손 비벼 휘날리고
삐꾹삐꾹 흔든다
졸아 잠든 날

꾸얼꾸얼 홰치는 장끼 호들갑 후드득 멧새 날고
까치 한 쌍 나뭇가지 입에 물고
한 마리 까마귀 고개 위 맴돌고
진달래 조팝꽃 가신 임 눈웃음만 벙근다

기억의 언덕에서 바라본 기억 저편의 세상

정군수(시인 · 평론가)

1. 표현론적 관점에서 본 최정호 시인

최정호 시인을 처음 만난 것은 전북대학교 평생교육원 문예창작과에서다. 나를 만나기 전에 그 분은 이미 수필과 시 창작에 성진하여 수필집과 시집도 발간하였다. 그럼에도 강의가 있는 날은 한 번도 빠지지 않고 나오셔서 성실하게 수업을 받으셨다. 문우들에게 겸손하고 예의가 바르셨다. 강의시간에 최정호 시인이 앉는 자리는 언제나 맨 앞자리였다. 그 분은 귀가 잘 들리지 않아서다. 귀뿐만이 아니라 몸 여러 곳이 좋지 않다. 베트남전에 참전하여 파편과 고엽제로 상처를 입어 국가 유공자로 전역을 하였다 한다. 거기에다 연세가 많으신 데도 봉사활동을 하고 계시고 그분은 교회 장로시다. 지금도 불의를 보면 참지 못하는 타고난 성격이다.

시집 발문을 쓰면서 시인의 개인 내력을 소개하는 것은 시를 읽는 독자들에게 얼마만큼이라도 이해와 감상의 길을 열어주고 싶어서다. 그렇다면 필자는 표현론적 관점에서 최정호 시인의 시를 보고 있는 것이다. 실제로 그분의 많은 시들이 삶의 경험을 바탕으로 해서 이루어졌고, 그 경험은 최정호 시인이 살아온 모습이라고도 할 수 있다. 경험에서 얻어진 성찰은 상상력을 통하여 새롭게 창조된다. 주제 설정에서부터 세부 묘사에 이르기까지 시인의 경험이 시의 주류를 이루고 있다.

문학의 세계가 실제의 세계와 다르듯 문학속의 경험은 실제의 경험 그 자체는 아니다. 경험을 유지해주는 것은 기억이다. 기억은 모호했던 경험을 변형된 정서의 상태로 보존하고 재현한다. 기억속의 과거는 일종의 추상화된 세계다. 또한 한 사건을 기억한다는 것은 그 사건을 다시 경험하는 것이지만 최초와 똑같은 방법으로 경험하는 것이 아니다.

기억은 특수한 경험의 양식이다. 기억이 과거 체험을 재현시킴으로써 현재의 체험을 살찌게 하고 사물에 대한 의미 부여를 가능하게 한다. 여기에서 작품에 기여하는 기억의 중요한 기능을 이해할 수 있다. 그러므로 과거로부터 생생한 심상을 이끌어내어 시를 창조하는 시인들은 고도로 예민한 기억의 소유자이며 활용자이다. 최정호 시인은 이러한 기억의 소유자이며 상상의 창조자라고 할 수 있다.

2. 기억은 상상력의 어머니이다.

언덕에 오르면
눈 안에 가득 학림사 누런 보리밭
주린 뱃속 침 넘어갔고

목탁소리 담 넘어오는 고래등 기와집
생쥐가 횃불 든 곳간에 쌀가마
거미줄 치고 참선중인데

황금 옷 갈아입고
방앗간 기웃거리는 흐드러진 보리밭
갈기 휼날리는 경주마였다

눈뜨면 날개 돋는 독안의 곡식

밑바닥 헤매는 낱알 긁는 바가지 소리는
새가슴 할퀴며 새벽잠 깨웠다

시래기죽도 못 먹은 다랑이 보리밭
밭고랑 주저앉아
고개 들지 못한 채 네발로 기었다

—「언덕에 오르면」 전문

최정호 시인이 태어난 시기는 일제강점기다. 그러므로 그분의 청소년 시기는 일제의 핍박에 의한 절망과 해방공간의 불안한 시기를 거쳐 왔다고 할 수 있다. 청장년 시절에는 한국전쟁의 처절한 비극과 4·19, 5·16 으로 이어지는 역사의 굴곡을 거쳐 베트남 파병에 이르기까지 험난한 한 시대를 살아온 분이다.

또한 문학이라는 표현 수단을 통하여 삶의 질곡을 증명하는 시인이다. 그분은 시라는 창작물로 기억을 재창조하고 있다. 기억은 언제나 삶의 연장선상에 놓여있다. 삶의 으뜸은 무엇인가? 먹고 사는 것이다. 그 문제가 해결되지 않으면 삶은 파괴된다. 그러한 삶 중의 하나가 보릿고개다. 그 고개를 넘으며 삶의 끈을 놓지 않고 인간으로 살아가기 위한 저항의 몸부림이 나타난 것이 「언덕에 오르면」이다. 민초의 기억이 축적되어 이미지로 재창조된 것이라고 할 수 있다.

“언덕에 오르면/눈 안에 가득 학림사 누런 보리밭/주린 뱃속 침 넘어갔고” 여기에서 “언덕에 오르면”은 이 시집의 이름이며 이 시의 첫 구절이다. 그만큼 ‘언덕’은 한 세대를 조망할 수 있는 삶의 꼭짓점이다. 또한 시인이 경험한 한 세대의 분수령이기도 하다. 시인은 관찰자 입장에서 나와는 무관하다는 듯 담담하게 한 시대의 질곡을 조망하고 있다. 이 무관한 듯 담담한 어조가 배고픔을 운명처럼 받아들여야만 했던 당시의 처지를 말해주고 있다. 내 일을 남의 일처럼 타성적으로 받아들여야 하는 길들여진 순응이 더욱 아프게 다가온다.

허기지고 굶주린 보릿고개에 시인의 삶이 언덕에서 바라본 것은 ‘눈 안에 가득한 학림사 누런 보리밭’이었다. 여기에는 비교와 대조의 현실 인식이 내재되어 있다. ‘비어있는 민초들의 뱃속과 학림사 누런 보리밭’이 감각적 상징으로 나타났기 때문이다. 그런데 여기에서 뜬금없이 ‘학림사’ 절이 나온다. 왜일까? 당시의 시대 배경을 알지 않고서는 시의 깊은 의미를 터득할 수가 없다.

김정한의 소설 「사하촌」이 있다. 사하촌은 절 아래의 마을이라는 뜻이다. 절에는 예부터 사찰 소유의 전답이 있어 마을 사람들에게 소작을 내어주고 소작료를 받는다.

절에서는 가혹하게 소작료를 받아 농민들은 언제나 굶주림을 면치 못했고, 절은 중생을 구제해야 하는 곳인데도 곳간은 가득하였다. 끝내 굶주림을 참지 못한 농민들은 횃불을 들고 봉기를 일으킨다. 이것이 소설 「사하촌」의 간략한 내용이다. 아마 시인의 마을에도 그런 절이 있었나 보다. '학림사 누런 보리밭'은 배고픔을 절감했던 시간과 공간의 장소였다.

"목탁소리 담 넘어오는 고래등 기와집/생쥐가 횃불 든 곳간에 쌀가마/거미줄 치고 참선중인데" 이 구절에서는 시인의 현실비판의식과 날카로운 풍자가 번뜩이고 있다. '빈자일등貧者一燈'이라 하지 않았던가? 그런데 '고래등 같은 기와집 절간의 담은 높고, 부처님 자비와 같은 목탁소리만 담을 넘어온다. 쌀가마를 쌓아둔 어둑한 곳간에는 한낮에도 쥐들이 횃불 들고 찾아와 잔치를 벌인다. 참선을 해야 할 스님대신 쌀가마가 거미줄 치고 무언 수행을 하고 있다' 풍자를 더한 상징이 기억들을 확인하듯 재현시켜놓았다. 기억은 모호했던 경험을 변형된 정서의 상태로 보존하는 것이다. 이렇듯 시인은 삼인칭 관찰자 입장에서 원경으로 시상을 전개시켜나갔다. 보릿고개의 힘든 이야기를 시어의 형상화를 통하여 낡은 필름이 어두운 자막을 비치듯 우울하게 전개되고 있다.

그러나 3연에 와서 시상은 반전을 가져온다. "황금 옷 갈아입고/ 방앗간 기웃거리는 흐드러진 보리밭 /갈기 흩날리는 경주마였다" 과거의 쓰디쓴 경험들이 시적변용을 통하여 전혀 새로운 모습으로 부활되었다. '황금 옷', '흐드러진 보리밭', '갈기 흩날리는 경주마'가 그것이다. 보릿고개의 처참한 광경이 화려한 옷으로 갈아입고 연극의 무대에 홀연히 등장한 것이다. 보릿고개의 기존 관념에 반기를 든 또 다른 형용이다. 남루의 누더기 같은 영상으로 비쳐오던 가난이 비단옷으로 갈아입고 금의환향하듯, 경주마 갈기 날리며 보릿고개를 가로지르고 있다. 시인의 의도가 자못 새롭다. 이는 보릿고개의 처절한 허기짐과 남루한 옷차림과 병자처럼 살아야했던 참혹한 기억들을 반어와 역설을 통하여 새롭게 형상화한 것이라 할 수 있다. 시는 과거의 기억이 현재의 시상으로 창조된 상상물이라는 것을 알 수 있다.

그러나 시상은 마지막 연에 와서 일인칭 주인공 시점으로 선회한다. "시래기죽도 못 먹은 다랑이 보리밭/밭고랑 주저앉아/고개 들지 못한 채 네발로 기있나" 이제 시상은 원경에서 근경으로 전환하면서, 세상의 이야기처럼 남의 일로 들려주던 보릿고개 이야기가 자신의 일로 제 가슴을 파고든 것이다. 에둘러 오던 삶의 한이 한꺼번에 시인의 가슴을 뚫고 들어온 것이다. 시래기죽도 못 먹던 시절, 멀리 누런 절집 보리밭을 바라보며 다랑이 보리밭에서 짐승처럼 네발로 기며 살아온 화자의 삶이 다시 창조적 변이를 거쳐 재생되었다. 놀라움이 번쩍 눈을 뜨게 한다. 창조적 과정이 범상하지 않음을 알 수 있다. 이 시집의 제목에 걸맞게 최정호 시인이 살았던 한 시대를 응집한 시라고 할 수 있다.

이렇듯 기억은 상상력의 어머니로서 시적 환상의 이념을 구성하는 촉매제이다. 기억은 단순히 상상력의 보조자가 아니라 상상력의 근원이다. 그러나 기억의 가치는 여기서 끝나는 것은 아니다. 그것은 자아 회복과 휴머니즘의 전개를 가능하게 하는 또 하나의 중요한 구실을 하고 있다. 이것이 현대에서 기억이 가지는 의의다.

3. 기억 재창조의 연상 법칙

물안개 사라진
아기햇살 재잘거리는 오후

사이렌 경보도 없이 폭격기 떴다
날개 벌여 강폭을 감싸며
천둥치는 굉음으로 만경강을 뒤흔든다

새매만 떠도 비상 걸릴 야생의 터전

황조롱이 그림자만 비쳐도 기절할 형편에
탱크와 대포알 앞세워 새벽을 짓이긴 6.25 된다

마그내 다리 밑 졸고 있는 만경강
쑥대밭 만들어 분풀이하듯 확인 사살하는
엔진 장착 패러글라이딩

엉겁결에 날았기에 하얗게 변한 기억들
어느 개울가 뛰는 가슴 달래느라
두 눈만 깜빡거리다
조용하던 앞마당 기억이나 할지

—「만경강 폭격기」 전문

창조적 기억은 사건들의 진행과정을 상상하여 인과적 관계로 가정된다. 그리고 그 순서는 하나의 지적 체계로 이루어진다. 바로 이 인과적 필연성, 연상의 법칙 때문에 기억은 과거를 재인식하고 창조하는 것이다.

「만경강 폭격기」는 6 · 25를 겪은 시인이 재인식한 기억이다. 어린 시절 전쟁의 트라우마가 시인의 뇌리에 누통처럼 남아 틈만 있으면 비집고 들어온다. 현장이 재생되는 그날, 만경강 마그네 다리위로 엔진을 장착한 페어글라이딩이 굉음을 울리면서 곡예를 한다. 엉겁결에 만난 당혹스러움은 하얀 기억으로 떠올라 급물살처럼 시인을 옛날의 공포로 몰고 간다. 기억은 시공을 초월하여 연속성을 지니고 사건의 구조를 정립한다.

만경강은 최정호 시인이 사는 마을을 지나 김제평야를 거쳐 서해로 흘러든다. 이곳 사람들의 삶의 터전이며 생명의 젖줄이다. 만경강은 시인의 유년의 놀이터였고 고향의 그리움을 안겨주는 어머니 품 같은 물줄기였다. 이곳에 6 · 25가 남긴 참화는 시인에게는 커다란 상처로 남아있다. 전쟁을 겪고 난 뒤의 만경강은 향수의 강이 아니라 불안과 걱정의 강이 되었다. 황조롱이만 떠도 새들이 풀숲에 숨는 것을 보고 폭격기가 무차별 사격을 하던 때를 연상한다. 만경강은 과거 회귀의 강이 되었다.

탱크와 대포알이 평화롭던 만경강 마을을 쑥대밭으로 만들고 있다. 불현듯 6 · 25가 재생된 것이다. 「만경강 폭격기」는 시간의 질서에 의해서 사건이 진행된 것이 아니다. 현재에서 과거로, 과거에서 다시 현재로 돌아오는 역행과 순행의 구조로 되어있다.

"물안개 사라진 아기햇살 재잘거리는 오후, 사이렌 경보도 없이 폭격기 떴다. 날개 벌여 강폭을 감싸며 천둥치는 굉음으로 만경강을 뒤흔든다" 현재의 상황 설정이다. 그러나 이 설정에는 6 · 25라는 돌발의 상황을 내재하고 있다. 전쟁의 비극을 예측하지 못하고 평화롭던 한반도에 천둥벼락같이 찾아온 6 · 25를 암시하고 있는 것이다.

그러나 그러한 암시는 곧 현실로 실현된다. 그 현실은 과거 속에서 이루어지는 현실이다. "새매만 떠도 비상 걸릴 야생의 터전/황조롱이 그림자만 비쳐도 기절할 형편에/탱크와 대포알 앞세워 새벽을 짓이긴 6.25 된다" 이렇게 해서 과거 속의 비극은 현실로 인식되고 재조명되어 전쟁이 인간다운 삶을 어떻게 파괴하는 가를 시인은 보여주고 있다. 눈으로 본 전쟁은 시인의 마음을 병들게 했고, 전쟁의 트라우마를 안고 살아야 했다. 그러면 시인은 '물안개도 사라진 만경강, 아기햇살 재잘거리는 오후' 라는 잔잔하고 평화로운 공간과 시간을 설정해 놓고 갑작스런 반전으로 대포알 투하하는 만경강 폭격기를 끌어왔단 말인가? 여기에는 예측하지 못한 또 하나의 사건이 설정되어있다. 만경강을 따라 곡예 하듯 즐기는 페어글라이딩을 보았기 때문이다.

「만경강 폭격기」의 발상은 여기서 시작된 것이다. 페어글라이딩에서 전쟁의 비극을 유추해낼 수 있는 것이 시인의 상상력이다. 그러므로 기억은 우리들의 실제 경험을 수정하고 유형화시켜 완성된 경험으로 재현시킨다는 것을 간과할 수 없다.

4. 경험에 의한 시적 질서

참전 50주년 잠실 실내체육관
산간벽지 농어촌 울릉도까지
한걸음에 달려온 역전의 용사들

빗발치는 총알 붉은 심장 노렸고
빛과 그림자 갈림길에 몸을 던졌던
그 용맹 그 젊음 그리워

얼룩무늬 군복 무거운 군화
황금실로 수놓은 군모를 쓰고
찬란한 휘장 빛나는 훈장
치장하고 멋 부리고
목청 높여 군가도 불러보지만

초롱초롱 눈빛은 돋보기 안에 잠들고
목 세운 독사의 서늘함은
풀잎사이 흩날리는 뱀 허물

—「역전의 용사들」 전문

모두에서 말했지만 최정호 시인은 베트남 참전 용사다. 또한 참전으로 인하여 상이용사가 되었고 국가유공자도 되었다. 그러나 일부 사람들은 이것이 나라를 위한 영광의 상처이고 희생이라고 생각하지 않는다. 베트남에서의 흘린 피의 댓가는 자신의 돈벌이를 위한 수단이었다고 말하는 사람도 있다. 참으로 슬프고 한심스러운 노릇이다. 얼마 전 최정호 시인은 베트남유공자 우대에 대한 불합리성에 대하여 텔레비전에 출연하여 조목조목 잘못된 사례를 제시한 적이 있다. 그것은 자신의 이익을 위한 것이 아니라 참전 용사들의 자존심과 힘들게 살아가는 그들을 대변하기 위한 발언이었다. 최정호 시인은 베트남 참전에 대한 권위와 자긍심이 높은 역전의 용사이다. 그러나 요즈음 현실은 어떤가? 당시의 역전의 용사는 이빨 빠진 호랑이가 되었다. 행사가 있을 때마다 불러모아놓고 숫자를 채우는 빛깔 좋은 개살구처럼 겉만 화려한 존재가 되어버렸다.

베트남 참전 50주년 행사가 잠실체육관에서 열리자 역전의 용사들은 대한민국 방방곡곡에서 몰려왔다. 강원도 산간, 제주도 울릉도 도서지방, 대한민국 지도에 나타난 모든 땅에서 가슴 설레며, 옛날의 의기 펄펄 날리며 몰려온 것이다. 그들은 이렇게 노래한다. '붉은 가슴에서 터져 나온 총알은 적의 심장을 향하여 날아갔고, 빛과 그림자로 얼룩진 생사의 갈림길에 젊은 몸을 던졌다. 그 용맹 그 젊음 그리워 옛 전우 찾아 여기에 왔다' 시 「역전의 용사들」은 이렇게 시작되고 있다.

다음 연으로 이어진 구절들은 잠실체육관에 모인 역전의 용사들의 모습이다. '얼룩무늬 정글복과 정글화를 찾아 신고, 장군 부럽지 않은 황금실로 수놓은 군모를 쓰고, 찬란한 휘장과 빛나는 훈장을 가슴에 달고, 큰 목소리로 베트남 정글에서처럼 군가를 부른다' 이 얼마나 멋진가? 베트남 전쟁에서 살아온 것만으로도 영광스러운데 잠실체육관에 역전의 용사들이 모여 의로운 기운 펄펄 날리며 군가를 부르는 이 장면은 한국을 최초의 참전국으로 만든 노병들의 비통 같은 환희였다. 이 노래는 나비의 날개를 타고 베트남으로 건너가 태풍이 불어오는 날, 스콜로 쏟아져 전우들의 핏물을 씻어갈 것이다. 그 피는 연어를 따라 중국해를 지나 동해를 거쳐 남대천 어디쯤에서 밭 매고 돌아가는 제 어미의 뒷모습을 보고 있을 줄도 모른다. 이 부분이 이시의 절정이다. 그러나 이 절정은 나락으로 떨어지기 위한, 시인이 허공에 세워놓은 눈물겨운 가상의 사다리이다.

시인은 이렇게 단원의 막을 내린다. "초롱초롱 눈빛은 돋보기 안에 잠들고/목 세운 독사의 서늘함은/풀잎사이 흩날리는 뱀 허물" '베트남 하늘의 십자성처럼 잠 못 들고 매복을 서던 초롱초롱 빛나던 눈빛은 이제 노안의 돋보기에 가리어 동공을 찾을 수 없고, 적군의 간담을 서늘하게 했던,

독사처럼 날렵하고 사나운 근육질의 육체는 풀잎 사이의 바람에 날아가는 뱀허물처럼, 보잘 것 없는 존재가 되어버린 것이다.' 얼마나 허망한가? 과거의 진실들이 나락으로 떨어지는 현실을 보고 있다. "목 세운 독사의 서늘함"과 "풀잎사이 흩날리는 뱀 허물"은 시어의 형상화에 의한 비교와 대조의 표현이다. 과거와 현재의 모습이 시각적 상징을 통하여 선명하게 부각되어 있다. 베트남 참전 용사의 과거의 모습과 현재의 모습이 절실하게 나타나 있다. 현대사에 커다란 돌을 하나 던졌다.

「역전의 용사들」에서는 시인이 겪은 구체적 사건을 재창조하고 있다. 즉, 어떤 인물이나 사물에 대한 감정적 모습을 창조하기 위하여 시인이 겪은 구체적 사건을 제시하고 있다. 시가 경험적 사건을 누리어 갖기 위해서는 과학적 논리적 필연성이 아니라 경험 그 자체의 구조가 띠는 타당성이 있어야 한다. 이것은 구체성의 질서가 공감각적 필연성을 지니고 있어야 한다는 말이다. 이 시에서의 사건의 연결은 독특한 시적 질서를 보여주었다고 할 수 있다.

5. 감정이입 된 사물의 변이과정

양지바른 양재동 동구 밖

양편 갓길에 도열한 근위병 된
키 큰 소나무

서릿발 눈보라 칼바람 시달려도
언제나 훤칠한 푸른 지기
목청 돋아 시한 수 읊으련만

등 올라타고 목 휘감아 재갈 물리고
눈 가리고 귀 틀어막는 칡넝쿨
만세 부르며 깃발 흔든다.

목 졸려 선채로 삭정이 되는데
멀건이 쳐다만 보는 강남의 눈동자
내미는 손길 없어 칡넝쿨 짊어진 채
장승 된 지게꾼이다

—「지게꾼」 전문

이 시를 감상하려면 감정이입 된 사물의 변이과정을 알아내야 된다. 그러기 위해서는 시인의 날카로운 현실 비판 인식과 의도를 찾아내야 한다. 시인은 그냥 흘려보낼 일들을 놓치지 않고 매의 눈으로 세상을 조명한다. 풀 한 포기, 구르는 돌멩이에서 삼라만상의 모습과 우주의 질서를 찾아낸다. 이러한 사고의 힘이 있어야 시는 세계를 품을 수 있다.

이 시의 골격을 이루는 제재들은 감정이입 된 사물의 모습으로 나타난다. 먼저 '양지 바른 양재동 동구 밖 양편 갓길에 도열한 '소나무'가 등장한다. 이 소나무는 서릿발 눈보라 칼바람 시달려도 푸르게 두 발로 땅을 딛고 팔은 하늘을 향하고 있다. 그 모습을 시인은 양재동을 지키는 '근위병'으로 감정 이입시켜 표현하고 있다. 그런데 하고 많은 사물들이 많은데 왜 하필 '근위병'을 끌어다 썼을까? 이 질문을 하지 않으면 이 시의 감상은 수박 겉핥기에 불과하다. '근위병'은 '궁궐의 호위와 의장儀仗을 임무를 맡던 군대'를 뜻한다. 얼마나 깊은 뜻을 품은 상징인가? 그 '근위병'이 근대화의 물질문명에 의해서 '지게꾼'의 나락으로 떨어지기까지는 시인의 심오한 사고 작용이 필요했다. 그러나 시인이 정작 나타내고 싶은 시의 의미는 현실비판이라는 덫에 걸려 잘 보이지 않는다. 암시와 모호성에 의하여, 그 보일 듯 잘 보이지 않는 덫이 최정호 시인이 갖는 시의 능력이다.

"등 올라타고 목 휘감아 재갈 물리고/눈 가리고 귀 틀어막는 칡넝쿨/만세 부르며 깃발 흔든다" 지금까지 변이된 제재를 살펴보면 '소나무'→'근위병'→지게꾼' 으로 되어있다. '지게꾼'은 양재동에 뿌리를 두고 힘들게 살아가는 서민들의 모습이다. 그러나 힘든 삶을 겨우 해쳐나가는 그들 앞에 목을 죄는 장애물이 나타난다. 그것은 칡넝쿨이다. 시적화자는 칡넝쿨에 목이 감겨 '만세 부른다' 이는 질식할 것 같은 현실에서 '구원을 향한 자기표현'이다. 강한 현실비판과 참여의식이 나타나 있다.

그러면 서민들의 삶에 칡넝쿨과 같은 존재는 무엇인가? 문제를 해결할 수 있는 답을 내기도 전에 마지막 연을 이렇게 끝맺는다. "목 졸려 선채로 삭정이 되는데/멀건이 쳐다만 보는 강남의 눈동자/내미는 손길 없어 칡넝쿨 짊어진 채/장승 된 지게꾼이다" 그러면 '칡넝쿨'과 같은 존재가 무엇인가?

우리 독자들은 이 정답을 찾아야 된다. 바로 그 답은 '강남의 눈동자'와 '내미는 손길 없는'이 그 정답이다. 서울의 부자들이 모여 사는 '강남'에서 그들이 누리는 부는 오직 그들의 것일 뿐이다. 누구하나 목을 죄어 매는 가난을 풀어주지 않는다. 시인은 '칡넝쿨'을 통하여 '상대적 빈곤'이라는 화두를 세상에 던져놓았다. 그 '상대적 빈곤'이 가난한 서민들의 삶을 깎아먹는 위험한 존재임을 새삼 일깨워준다. 현실비판 의식이 번뜩인다.

허나 이 시의 감상은 여기에서 끝나는 것이 아니다. 아직 의식의 자기심화 과정이 남아있다. '지게꾼'은 바로 무거운 현실은 지게에 지고 걸어가는 시인과 민초들인 것이다.

6. 축복받지 못하는 탄생을 위한 촛불

받아들이기엔 부끄럽고 안고 가기엔 가시면류관

나갈 길 싱크홀 되었고 돌아갈 길 떠내려간 외다리
안을 수도 버릴 수도 도망칠 수 없어 발만 동동거렸다

철부지 소녀가 어찌 하다가 저도 모르게 어미가 되어서
새끼 안을 힘없고 가시밭 길 헤쳐 갈 가슴마저 없다

베이비박스 어두운 밤길 작은 촛불하나
보름달 되어 길 밝힌다

택시마저 기어가는 비탈길
시 때 가리지 않고 팔 벌려 기다리는 빈 상자 하나
뛰는 가슴 엄마품은 못 되어도 눈비 가려주는 둥지가 된다

꺼리는 눈초리 날아오는 돌 세례 피하지 않고
따뜻한 손길 요람이 되어서
불붙은 화구에서 1500여 핏덩이 건져
영혼을 축복하는 기도가 있다

—「베이비박스」 전문

인본주의나 신앙적 차원이 아니더라도 한 생명의 탄생은 고귀한 것이다. 그러나 현실은 꼭 그런 것만은 아니다. 미혼모라든지 피치 못할 사정으로 태어난 아이를 버려야 하는 경우가 있기 때문이다. 축복받아야할 탄생이 오히려 삶의 장애가 되어 버려진다는 것은 불행한 일이다. 그 때 아기의 생명을 보호하기 위하여 만들어진 것이 베이비박스다. 이 상자에는 버려진 아이가 어느 시간 동안 생존할 수 있는 장치가 달려있다. 한국에서 베이비박스는 공식적으로 허가받지 않은 불법 시설물이지만, 유럽 등 여러 국가에서는 이렇게 축복받지 못하고 버려지는 아기들을 보호하기 위한 차원에서 운영하고 있다. 한국에서는 아기들이 화장실이나 쓰레기통에 대책 없이 버려졌다가 숨지는 사건이 발생하는 것을 보다 못한 종교단체에서 이런 어린 생명을 살리기 위하여 운영하고 있다.

최정호 시인은 교회 장로이며 사회 봉사자이다. 그분의 시선이 베이비박스라는 이러한 시설에 머문 것은 어쩌면 당연한 일일지도 모른다. 그러나 그 시선은 현실 비판적이거나 부정적 인식이 아니다. 아기를 버린 미혼모의 처지를 가장 인간주의적 입장에서 바라보고 있다. 어쩌면 냉혹한 현실에 던지는 따스한 시선이라 할 수 있다.

"받아들이기엔 부끄럽고 안고 가기엔 가시면류관" 시의

첫 행은 이렇게 시작된다. 구성상 '기' 부분에 속하는 이 연은 미혼모가 된 소녀의 현실을 사회적 통념에서 바라보았다. 너무도 당연한 일이지만 시상이 우뚝 솟아 있어 단번에 가슴으로 전해오는 아픔이 있다. 미혼모가 된 소녀의 처지가 자기의 일처럼 전이되었기 때문이다. 특히 '가시 면류관' 이라는 시어는 「베이비박스」 시 전체를 관통하는 상징적 시어라고 할 수 있다. '축복 받지 못할 탄생이 무엇인지를 똑똑히 눈으로 보라는 듯 형상화하고 있다. 가시면류관의 가시로 찌르듯 현실이 아프다.

"철부지 소녀가 어찌 하다가 저도 모르게 어미가 되어서/새끼 안을 힘없고 가시밭 길 헤쳐 갈 가슴마저 없다" 시의 구성상 첫 연을 이어받은 '승' 부분이라 할 수 있다. 잘못 저질러진 미혼모의 불행을 질책하기 보다는 안타까운 시선으로 바라보고 있다. 자식의 힘듦을 걱정하는 부모의 심정 같다.

"베이비박스 어두운 밤길 작은 촛불하나/보름달 되어 길 밝힌다" 구성상 '전'에 속한다. 시의 꼭대기에 올라섰다. '베이비박스'는 야누스처럼 두 개의 얼굴을 갖고 있다. 잘못 저질러진 행위가 숨을 수 있는 공간이 될 수도 있고, 버려지는 생명을 살릴 수 있는 공간이 될 수도 있기 때문이다. 시인은 두 번째 공간, '촛불' '보름달' 같은 공간으로 베이비박스를 택했다. 이것이 시가 살고 숨 쉬는 공간이라고 할 수 있다.

"택시마저 기어가는 비탈길/시 때 가리지 않고 팔 벌려 기다리는 빈 상자 하나/뛰는 가슴 엄마품은 못 되어도 눈비 가려주는 둥지가 된다" '결' 부분이다. '택시 기어가는 비탈길'은 살아가는 인생의 험로다. 그 길에 축복받지 못하는 생명을 기다리는 빈 상자가 축복인 듯 팔 벌리고 밤낮 기다리고 있다. 그 곳은 엄마의 포근한 품은 못되어도 화장실이나 쓰레기통에 죽어가는 생명을 구해주는 둥지가 되는 것이다.

7. 시의 생명은 압축과 상징

포도 박사 컨설턴트 말
사정없이 솎아주세요

아까워도 열 알 중 일곱은 버려야
세알 키울 때 상품도 돈도 되지요

말하지만 듣지 않아요.
겨우 세알 따지요
나도 자식 같아 네다섯밖에 못 따요

시도 마찬가지다
초짜는 하고 싶은 말 너무 많아
근사하고 멋진 말 다 끌어 모아
나열하다 보면 기행문이고

포도 알 솎어내듯 미련 없이 자르고
버려야 된다는 것을
나도 이제 눈을 뜨나보다

—「시」 전문

시집 서문에 있는 '시인의 말'에 넣고 싶은 시이다. 시로 쓴 시 창작법이다. 시론에서 거론되는 정법과 같은 구절들로 되어있다. 요즘 젊은 시인들이 선호하는 서사적, 산문적, 설명적, 구조의 시 창작에 일침을 가한 말이다. 최정호 시인이 시를 어떻게 공부했으며 어떻게 쓰고 있는 가를 보여주고 있는 시이다.

시의 생명은 압축과 상징이다. 한 그루의 나무를 시로 쓴다고 가정할 때 꼭대기에서 뿌리까지 관찰하여 쓴다면 이건 시라기보다는 산문이다. 나무의 중간을 잘라내어 그 나이테를 보고 시를 쓴다면 이것이 압축과 상징이라고 할 수 있다. 이 시에서도 유명한 시평가들의 학설을 들지 않고, 문학가도 아닌 포도박사 컨설트의 말을 인용한 것이다.

낯설다. "사정없이 솎아주세요" 얼마나 쉽고 간단 명쾌한 답변인가? 솎아내지 않고는 알이 굵은 포도를 얻지 못할 뿐더러 시장에 내놓아도 상품의 가치가 없다. 그러나 말을 해도 듣지 않는다 한다. 열 송이 중 일곱 송이를 솎아내라고 했는데도 초짜들은 겨우 세 송이를 솎아낸다고 한다. 시인도 고백한다. '나도 자식 같아 네다섯밖에 못 솎아요'라고 말한다. 자기 시공부에 대한 성찰이 담겨있다. 시인도 칠순이 넘어서 포도알 솎어내듯 미련 없이 자르고 버려야 된다는 것을 이제야 눈떴다라고 고백을 한다. 참으로 순진한 시인이다.

8. 외계의 세계와 교섭하여 이루어 낸 시의 정서

작은 날개 하나로 지구의 반 바퀴를 날아온 오리
덜 녹은 얼음 땅
서둘러 만든 둥지 가슴으로 덥힌다

무너지는 겨울의 몸부림 시 때 없는 떼거지 눈비는
아장아장 새봄을 짓밟는데

자식하나 살려보려고
온몸 던져 초가집 되고 가슴으로 감싸는데
쏟아지는 눈 폭탄 등을 묻고 산을 이룬다

골고다 언덕 생매장 되어도
눈 감고 잔머리 필요 없다
오로지 품속에 새끼하나

—「새끼」

시인의 마음은 끊임없이 외계의 사물과 교섭하려 한다. 이렇게 마음이 사물에 응해서 나타난 것이 정서다. 우리의 의식은 언제나 무엇인가에 지향하는 특성을 지니고 있다. 자아와 세계의 만남, 주체와 객체의 상호작용에 의하여 시상은 추상화되고 정서로 승화된다. 이렇듯 시인은 다른 세상에서 날아온 한 마리의 철새를 보고 보편화된 모성의 사랑을 그려냈다.

시인은 외계로 눈을 돌려 철새 한 마리와 교섭하고 있다. 작은 날개로 지구를 반 바퀴를 날아온 철새는 시인에게 감동이라는 정서를 불러온다. 아직 얼음이 녹지 않은 땅을 가슴으로 덥혀 둥지를 만들고 있기 때문이다. 이 정서가 시의 종자가 되어 발아되고 있다. 시의 종자가 발아되면 철새의 새끼도 알에서 부화한다. 이 부화에서 새끼로 깨어남에 이르는 과정을 줄탁동시라 한다. 어미는 밖에서 알을 쪼고 그 소리를 듣고 새끼는 안에서 알을 쪼아 밖으로 나온다. 어미와 새끼의 만남이 시적승화를 거쳐 시인과 철새의 만남으로 이어진다. 이것이 자아와 세계의 결합이며 주체와 객체의 상호작용이다. 여기에 모성애라는 추상화된 정서가 시의 주체가 되어 골격을 이룬다.

정서는 한 기류만 타고 흐르지 않는다. 역풍을 맞아 하늘로 치솟기도 하고 땅으로 곤두박질치기도 한다. 철새에 대한 이미지도 평탄치만은 않다. 둥지를 지키는 철새의 등위로 시도 때도 없이 쏟아지는 눈비는 산을 이루고 강을 이룬다. 그래서 봄은 더디게 아장거리며 오고 있는 것이다.

마지막 연은 이 시의 백미이다. 또한 주제가 함축되어 있다. 새끼에게 바치는 어미새의 희생이 절실하게 형상화 되어있기 때문이다.

"골고다 언덕 생매장 되어도/눈 감고 잔머리 필요 없다/오로지 품속에 새끼하나" 골고다 언덕이 어디인가? 예루살렘에 있는 언덕으로 예수님이 십자가에 못 박힌 장소다. 사형이 집행된 장소다. 철새가 새끼를 품고 있는 장소는 형극의 현장처럼 견뎌내기 힘든 곳이다. 그런데도 어미새는 꿈쩍 않고 새끼를 품고 있다. 어미새는 눈 폭탄을 맞아 죽는 한이 있어도 그 자리를 떠나지 않는다. 어떻게 하면 이 난관을 피할 것인가? 새끼를 데리고 어디로 이사할 것인가? 잔머리를 굴리지 않는다. 오직 품속의 새끼 하나만을 생각하고 눈 폭탄 속에서 견디는 일만이 그가

해낼 수 있는 일이다. 우직하면서도 가장 정직한 모성애, 이것이 시인이 바라는 삶이고 시의 세계이다. 마음이 외계의 사물과 교섭하여 나타난 이러한 정서가 최정호 시인이 지향하는 마음의 세계이다.

최정호 제 2시집

언덕에 오르면

인쇄 2018년 8월 25일
발행 2018년 8월 31일

지은이 최정호
발행인 서정환
펴낸곳 신아출판사
주소 전북 전주시 완산구 공북 1길 16(태평동 251-30)
전화 (063) 275-4000 · 0484 · 6374
팩스 (063) 274-3131
이메일 sina321@hanmail.net
출판등록 제465-1984-000004호
인쇄 · 제본 신아출판사

ISBN 979-11-5605-557-0 03810

값 9,000원

이 도서의 국립중앙도서관 출판시도서목록(CIP)은 서지정보유통지원시스템 홈페이지 (http://seoji.nl.go.kr)와 국가자료공동목록시스템(http://www.nl.go.kr/kolisnet)에서 이용하실 수 있습니다.(CIP제어번호: CIP2018028201)

Printed in KOREA